cat
kot

rabbit

królik

dog

pies

chick

kurczątko

duck
kaczka

sheep

owca

goat

koza

pig

świnia

donkey

osioł

horse

koń

cow

krowa

mouse

mysz

bat

nietoperz

bee

pszczoła

spider

pająk

fox

lis

deer

jeleń

squirrel

wiewiórka

hedgehog

jeż

owl

sowa

frog

żaba

snake

wąż

racoon

szop pracz

parrot

papuga

toucan

tukan

alligator

aligator

sea turtle

żółw morski

flamingo

flaming

penguin

pingwin

crab

krab

jellyfish

meduza

seal

foka

shark

rekin

whale

wieloryb

orca

orka

starfish

rozgwiazda

rhinoceros

nosorożec

panda

panda

monkey

małpa

lion

lew

tiger

tygrys

elephant

słoń